LA PSICOLOGÍA PARA BAJAR DE PESO

APRENDE TODO LO NECESARIO SOBRE COMO
PERDER GRASA CORPORAL DE MANERA
NATURAL, GRACIAS A LOS FUNDAMENTOS
PSICOLÓGICOS PARA QUEMAR CALORÍAS

Jessy M. Brown

Primera Edición

Índice

Introducción

La pérdida de peso es una de las metas de la mayoría de los hombres y mujeres. Si este es uno de tus sueños en la vida también, tienes que ser consciente de los aspectos que te ayudarán a lograr los resultados que esperas. Uno de estos aspectos es su forma de pensar. Sin una determinación fuerte y una mentalidad fija, los resultados exitosos de pérdida de peso serían difíciles de alcanzar.

Antes que nada, cambiar su forma de pensar es el primer aspecto que debe considerar cuando se trata de perder peso. Su plan de pérdida de peso no tendrá éxito si no presta atención a su forma de pensar. Al decirse a sí mismo que no puede, seguramente fracasará y tendrá una pequeña oportunidad de ver los resultados. Por lo tanto, usted debe pensar en estas cosas al revés.

En lugar de pensar negativamente en la pérdida de peso, usted debe decir que lo haré, que puedo y que tendré éxito. Tendrás más confianza al decirte cada una de estas cosas a ti mismo una vez que aprendas a cambiar tu forma de pensar. Para motivarse a sí mismo, debe conocer el valor de la motivación y cómo puede ayudarle a alcanzar sus objetivos.

Este es el propósito principal de este libro. Con esta guía, usted conocerá el verdadero significado de una mentalidad que puede ayudarle a tener éxito y ser más eficiente en el logro de sus objetivos de pérdida de peso. Es importante cambiar tu forma de pensar, y tienes que darte cuenta de las razones por las que tienes que considerarla.

Usted tiene la suerte de encontrar este libro porque le proporcionará ideas, detalles, consejos y todo sobre su forma de pensar y su relación e importancia para la pérdida de peso.

Con esta guía, usted puede controlar su peso y aprender todo lo que puede hacer para alcanzar sus metas. Su viaje para tener una pérdida de peso exitosa y satisfactoria está a punto de comenzar. Sigue leyendo!

El poder de la mente sobre el cuerpo

Su forma de pensar juega un papel muy importante en la pérdida de peso. Lo que le sucede a usted físicamente es sólo un reflejo de los cambios que ocurren dentro de su sistema. Así, tú eres lo que piensas.

Una persona que aspira a perder su exceso de peso experimentará cambios en su presión arterial y frecuencia cardíaca. De la misma manera, la conductividad eléctrica de la piel y la respiración reacciona a sus emociones y pensamientos.

Tal vez, usted piensa que está demasiado gordo o que no está físicamente en forma en absoluto. Si usted no está contento, el estrés hará que su cuerpo se sienta en un estado inseguro. Esto resultará en la liberación de hormonas causantes de estrés. Cuando se persiguen los pensamientos estresantes y las malas emociones, su cuerpo se pondrá más tenso. La hormona causante de estrés, conocida como cortisol, tiene un gran impacto en su sistema digestivo y en su peso. La grasa del vientre es uno de los signos visibles del estrés.

> ### ¿Cómo perder su exceso de peso?

Lo primero que tienes que hacer es cambiar de opinión. Cuando se trata de perder peso, no debe pensar en una "dieta". En cambio, usted debe aprender la mejor manera de consumir los alimentos que desea. Mientras lo hace, debe pensar en nutrirse en lugar de privarse. Use las horas de las comidas para disfrutar de la comida que se sirve en la mesa. Las horas de las comidas son el momento adecuado para que usted se olvide de los problemas o pensamientos estresantes que tiene en la vida. A largo plazo, notará que está disfrutando de comer y consumiendo menos alimentos.

Usted debe mantener su cuerpo en una condición normal. Por lo tanto, usted tiene que encontrar maneras de mantenerse en forma y saludable. Comer alimentos que son útiles para su forma de pensar es la mejor técnica para eliminar el estrés y mejorar su salud. Esto le permitirá lograr una pérdida de peso exitosa, incluso sin hacer dieta.

La importancia de tu mentalidad

Tener una mentalidad cerrada puede ser la razón por la que no logra alcanzar el éxito en sus metas de pérdida de peso a largo plazo. Desarrollar una buena mentalidad es una de las cosas más cruciales que debe considerar para lograr un cambio duradero.

Si tienes una mentalidad cerrada, eres el tipo de persona que tiende a huir de los desafíos. Además, es probable que se rinda fácilmente cuando experimente dificultades para lograr sus objetivos. Aunque usted tiene la determinación de cambiar, todo es demasiado duro para usted. Por lo tanto, usted decide permanecer dentro de su zona de comodidad. Usted está decidido a comenzar a tomar medidas para perder peso, pero una vez que no ve los resultados lo antes posible, usted prefiere rendirse y dejar de hacer todo.

Si tienes una mentalidad abierta y positiva, siempre estás listo y tienes el coraje de enfrentarte a cualquier desafío a lo largo de tu viaje. Usted debe esperar que los obstáculos se presenten en su camino, pero cuando algo malo sucede, usted debe buscar para hacer frente a ellos utilizando una estrategia que le ayudará a ir en la dirección positiva.

Cuando tienes una mentalidad cerrada, tiendes a abstenerte de escuchar los consejos y sugerencias de las personas que te rodean. Ignorarás los comentarios de esas personas para poder mantenerte en tu camino actual. También piensas que tus esfuerzos son inútiles porque sabes que no lo lograrás hasta el final.

Una persona que tiene una mentalidad abierta es la que escucha lo que los demás pueden decirle. También refleja sus propios pensamientos, actitudes y acciones. Cuando se tiene este tipo de mentalidad, se deben dar pequeños pasos hacia adelante. Tener una mentalidad positiva equivale a tener inteligencia emocional. Usted sabe que los cambios nunca ocurrirán sin ella.

Si tienes una mentalidad cerrada, tiendes a mirar más en el aspecto físico. Miras a otras personas y sientes envidia y celos porque son exitosas. Asumes que puedes hacerlo mejor que ellos, pero no haces nada. Al tener una mentalidad positiva, las acciones tomadas por otras personas se convierten en su inspiración. Eres testigo de sus logros y aprendes al ver lo que hacen. Tomarás eso y buscarás algo que funcione para ti.

Como puede ver, tener una mentalidad cerrada nunca le ayudará a lograr los resultados que desea. Usted permanecerá en su estado actual para siempre y no notará los desarrollos y cambios. No logras crecer porque no cambias tu forma de pensar o no haces nada para superar tus pensamientos negativos.

Cuando abras tu mente y elijas hacerlo, empezarás a ver los cambios que te ocurren. Los desarrollos serán visibles y usted comenzará a experimentar el éxito. Todo esto llegará a su método psicológico. Si usted lucha por perder grasa y no ve los cambios a medida que repasa el ciclo una y otra vez, lea este libro y piense en lo que puede hacer para cambiar su manera de pensar.

La visualización de tu cuerpo

Su forma de pensar, ya sea positiva o negativa, puede afectar la imagen de su cuerpo. Si usted está tratando de hacer cambios en la forma de su cuerpo y en el estado de su salud, debe comenzar con su mente. Los resultados de pérdida de peso que usted espera se le concederán una vez que haya desarrollado una imagen corporal adecuada. Una imagen corporal bien desarrollada parece proporcionar el plano del aspecto exacto que le gustaría lograr.

➤ *Por qué es importante*

Sin hacer un cambio en su forma de pensar, sus pensamientos acerca de la pérdida de peso estarán en contra de la rutina de salud o cambio que usted ha comenzado. Nunca encontrarás algo que funcione más rápido que tu cerebro. Crear sentimientos y pensamientos que apoyen su imagen corporal le ayudará a conseguir los cambios y resultados positivos que desea.

Hoy en día, la mayoría de las personas que buscan resultados exitosos en la pérdida de peso dependen de los numerosos suplementos disponibles en el mercado. La verdad es que los resultados de la pérdida de peso también se pueden lograr simplemente teniendo una mentalidad positiva. Al cambiar su forma de pensar sobre la pérdida de peso y la forma en que ocurre, seguramente obtendrá los resultados que espera. También le permitirá cambiar toda su vida y mantener la nueva forma de su cuerpo.

Fijar metas para comer de forma correcta

El metabolismo es el proceso por el cual los alimentos consumidos son procesados y transformados en energía. La manera más fácil de entender esto es asumir que los alimentos son la gasolina para su cuerpo. Una vez que su estómago se vacíe, su cuerpo comenzará a debilitarse y tratará de usar la energía almacenada en sus células grasas.

Algunas personas que están tratando de tener un régimen exitoso de pérdida de peso limitan su consumo de alimentos, por lo que comen menos de lo normal. Por otro lado, esto nunca les permitirá experimentar sus metas, ya que su cuerpo interpretará la reducción de la ingesta de alimentos como inanición, y utilizará las células grasas como un mecanismo de supervivencia para su cuerpo.

La manera más efectiva de mejorar su metabolismo y la capacidad de su cuerpo para perder peso es comer frecuentemente pequeñas comidas todos los días. Por lo general, la mayoría de las personas consumen alimentos de 2 a 3 veces al día con comidas grandes. Para mejorar su metabolismo, usted debe comer frecuentemente pequeñas comidas todos los días. Usted puede comer por lo menos 6 veces al día con intervalos largos para darle a su cuerpo más tiempo para digerir los alimentos que come.

Al comer comidas pequeñas todos los días, usted se sentirá hambriento y esto puede prevenir que sus grasas sean utilizadas contra la inanición. También debe consumir más alimentos bajos en calorías y grasas, pero ricos en fibra. Estos alimentos son los que le ayudarán a perder más y obtener mejores resultados de pérdida de peso. Evite comer alimentos procesados, especialmente aquellos ricos en grasas y sodio.

Una vez que cambie su forma de pensar acerca de los alimentos, le será más fácil cambiar sus hábitos alimenticios habituales. Cuando usted sigue un programa particular para bajar de peso, debe enfocarse en su meta. Usted no sólo debe perder peso, sino también mejorar su salud.

Fijar metas de ejercicios

Ser despedazado o sexy no es difícil de lograr si lo dices en serio. Lo que tienes que hacer es cambiar de opinión. Usted sabe que el ejercicio es importante en la pérdida de peso y tiene que estar decidido a hacerlo todos los días. Aquí hay algunos consejos que puede utilizar para obtener la mentalidad correcta que necesita para estar motivado a hacer ejercicio regularmente.

El ejercicio regular es conocido por los diferentes beneficios para la salud que puede proporcionar. Sin embargo, sólo hay algunas personas que llevan un estilo de vida activo. Si desea mejorar su calidad de vida, debe comenzar un régimen de ejercicios. Bajará su presión arterial y puede reducir sus riesgos de varias formas de cáncer.

> ➢ *Aquí está el cómo:*

1. Establezca expectativas realistas

- antes de comenzar su nueva rutina de ejercicios, usted tiene que establecer su meta primero. Tienes que estar seguro de lo que te gustaría lograr. Si es la primera vez que utiliza un régimen de ejercicios, no debe abrumarse. Usted debe enfocarse en una meta pequeña primero y hacer una lista que contenga las metas de pérdida de peso que le gustaría alcanzar. Una vez que usted establezca expectativas realistas, le será más fácil alcanzarlas. Después de alcanzar los pequeños objetivos que usted tiene, usted puede perseguir sus objetivos que son difíciles de alcanzar. Si usted tiene un plan de unirse a un club de acondicionamiento físico, tal vez desee hacerlo, ya que hay varios gimnasios con entrenadores personales que pueden ayudarle con sus metas. Si usted no sabe realmente lo que le gustaría lograr, contratar a estos profesionales puede ser la mejor solución a su problema. Le motivarán haciéndole comprender la importancia de concentrarse en tratar de perder más grasa.

2. Busque un compañero de acondicionamiento físico - para divertirse más mientras hace ejercicio, puede que busque a alguien que sea su compañero para ir al gimnasio todos los días. La investigación muestra que si usted trabaja junto con alguien, se sentirá motivado para hacer más en su régimen de ejercicios. Ya sea que te estés divirtiendo con alguien mientras haces ejercicio o que te vuelvas más competitivo y seas capaz de empujarte a ti mismo, estas cosas dependerán del tipo de personalidad que tengas.

3. Siga haciendo lo que pueda - no hay necesidad de preocuparse si no tiene suficiente dinero para pagar las cuotas del gimnasio. No hay ninguna regla que indique que el ejercicio debe ser formal. Usted puede simplemente subir y bajar las escaleras 10 veces al día. También puede llevar a su perro a pasear afuera, dondequiera que vaya. Cualquier acción que pueda aumentar su ritmo cardíaco es un tipo de ejercicio cardiovascular.

4. *Coma alimentos nutritivos y saludables* - para estar físicamente en forma, debe prestar atención a los alimentos que consume durante sus comidas. Usted debe tener una dieta bien equilibrada y saludable que es un aspecto muy crucial cuando se trata de la riqueza y la salud en general. Usted puede contactar a su dietista si necesita consejo nutricional. Él o ella le puede decir los alimentos correctos para consumir y qué es lo que mejor funcionaría con su régimen de ejercicios. Tenga siempre en cuenta que el ejercicio por sí solo no es suficiente para lograr resultados exitosos en la pérdida de peso. Hay que combinar el ejercicio con una dieta adecuada.

5. *Diviértete* - nunca debes sentir que eres la única persona que enfrenta problemas mientras trata de perder peso. Recuerda que hay millones de personas en todo el mundo que se enfrentan al mismo problema que tú. Establecer el estado de su mente es el paso inicial que necesita dar cuando se trata de hacer ejercicio.

Debes tener en cuenta que cuando haces ejercicio, no es para hacer que tu cuerpo se sienta torturado, sino por su propio bien. Esto significa que usted debe disfrutar de todo lo que está haciendo en su vida diaria. Usted puede elegir el yoga pues es una gran manera de revitalizar su mente mientras que usted llega a ser físicamente apto. Si usted es un hombre, es posible que desee unirse a un equipo de baloncesto en el que experimentará diversión mientras su cuerpo comienza a perder peso. Del mismo modo, también puede utilizar pesas libres. Si usted comienza su nuevo régimen de ejercicios mientras tiene una mentalidad negativa sobre el ejercicio, nunca podrá hacerlo con

regularidad. Siempre recuerde su
importancia.

Tu imagen corporal

Para lograr grandes resultados de pérdida de peso, usted necesita cambiar su forma de pensar. Una gran manera de alterar la manera en que usted piensa acerca del ejercicio y su imagen corporal es leer y escribir afirmaciones todos los días. ¿Qué son las afirmaciones y cómo pueden beneficiarlo? Bueno, estas son breves declaraciones positivas que puede leer o escribir repetidamente cuando sea necesario. Puede colocarlos en las áreas dentro de su casa a las que suele ir todos los días. Al verlos regularmente, usted tendrá más confianza para enfrentar los desafíos y comenzar a esforzarse más para lograr mejores resultados en la pérdida de peso.

Aparte del uso de afirmaciones, también puede cambiar su forma de pensar con el uso de otras técnicas:

- Considere el impacto - usted necesita pensar en cómo su propia imagen corporal afecta los otros aspectos de su vida. Tienes que reflexionar sobre la manera en que la imagen de tu cuerpo influye en tu trabajo, en tus relaciones y en toda tu autoimagen. Usted debe determinar si esto le impide alcanzar sus metas o no. Trate de pensar en cómo su imagen corporal afecta negativamente su vida. Entender que la insatisfacción de tu cuerpo influye en tu vida puede ser fortalecedor. Es porque conocer los problemas te llevará a encontrar las soluciones para ellos. Una vez que se es consciente del efecto de las malas imágenes corporales, se puede empezar a hacer algo para aliviarlas.

- Mírese a sí mismo - la mayoría de las personas se quejan de sus muslos y de sus estómagos grasos. Ellos tienen varias preguntas que pertenecen a sus fracasos en obtener los resultados de pérdida de peso que desean. Si usted es una de estas personas, debe empoderarse para que pueda verse completamente. Cuando te paras frente al espejo, debes observar todo tu ser y evitar preocuparte por las partes de tu cuerpo.

- Construye una imagen corporal positiva y buena viniendo de tu interior - la mayoría de las personas dependen de factores externos que pueden romper o hacer que sus imágenes corporales. Cuando lees una revista y ves modelos con cuerpos perfectos, tiendes a dudar de tu aspecto. Leer un mensaje en Internet que habla sobre el ejercicio y la dieta puede hacer que te sientas peor. Sin embargo, ¿qué pasará una vez que trabajes con la imagen corporal que pueda resistir las influencias externas? Definitivamente, nunca encontrarás nada que sea completamente resistente, pero puedes hacer algo que hará que tu propia imagen corporal se convierta en algo estable. Usted puede pararse frente al espejo y esperar que los pensamientos

negativos entren en su mente. Una vez que estos pensamientos llegan, usted debe imaginar algo que lo proteja de ellos. Su forma de pensar, sus emociones y su ritmo cardíaco estarán protegidos por eso. A partir de aquí, su mentalidad positiva entrará en juego. De esta manera, tendrá la certeza de estar en el camino correcto.

- Cambia tu forma de pensar - cuando cambias tu forma de pensar, te estás capacitando para formar una imagen corporal desarrollada. Cuando se ha dado cuenta de que adelgazar no es la meta real que debe alcanzar, se capacita para seguir teniendo una buena rutina de autocuidado. Cuando te das cuenta de que los planes de dieta no son suficientes para conseguir lo que quieres, te concentras en escuchar lo que tu cuerpo dice. Usted puede pensar que los ejercicios no están realmente relacionados con la pérdida de peso, pero los movimientos de su cuerpo pueden aliviar el estrés.

- Piensa en los atributos positivos

que tienes - cuando tienes ojos atractivos, puedes publicar algo que te seguirá recordando sobre tus ojos. Puede colocar esto en el espejo dentro del baño. Es posible que se enfrenten a luchas mientras alcanzan sus metas, pero están bendecidos de tener esas características que otros no tienen.

Aférrate a tus objetivos

Siempre vas a un gimnasio, comes una comida balanceada y pasas suficientes horas durmiendo, pero aún así no te sientes bien. Piensas que no estás completamente sano. Hoy en día, la mayoría de las personas son conscientes de los beneficios que pueden obtener al mantenerse saludables. Sin embargo, la mayoría de la gente no pasa tiempo pensando en el aspecto más importante del control de la pérdida de peso, y es la mente.

Usted podría estar físicamente en forma con ejercicio y una dieta adecuada, pero cuando su mentalidad no está en buenas condiciones, podría afectar las otras áreas de su vida. Lo peor es que puede impedirle alcanzar sus metas. El estrés cotidiano, la depresión, la ansiedad y otros problemas psicológicos se han vuelto frecuentes. En 5 personas, hay una que experimenta problemas psicológicos en algún momento de su vida. Esta situación ocurre debido a la negligencia de prestar atención a su mente.

➢ *El valor de tener una mentalidad normal y positiva*

La investigación científica ha demostrado que las malas mentalidades abrumadas por el estrés pueden desencadenar otros problemas de salud. Siempre tenga en cuenta que tener una mentalidad poco saludable puede llevarle a tener un físico poco saludable. La mentalidad desordenada también puede retener a una persona. Usted puede pensar en los obstáculos que le impiden lograr una buena salud, una mejor productividad en el trabajo y mejores relaciones. Averigüe cuál es la mejor manera de tratar con ellos.

Al hacer todo lo posible para mantenerse en forma, también puede practicar ejercicios para la mente, que pueden ayudarle a reducir sus emociones y pensamientos negativos. Ignora los pensamientos negativos que te dicen cosas inútiles. En lugar de pensar negativamente, deberías pensar en el otro lado. Dígase a sí mismo que puede hacerlo y que puede hacer realidad sus sueños. Piense en sus pensamientos negativos como desafíos y permítales que le motiven a esforzarse más en vez de darse por vencido.

De la misma manera, deberías practicar la gratitud y estar agradecido por las experiencias y lecciones enseñadas a lo largo de tu vida. En lugar de pensar en tus fracasos, siempre debes creer que las cosas malas suceden para enseñarte las cosas correctas y para ayudarte a reconocer tus errores. Pensar en el lado positivo de sus circunstancias le ayudará a tener una mentalidad positiva. Cuando se trata de perder peso, usted debe concentrarse en conocer las cosas que le harán fracasar y utilizarlas como motivación para convertirse en un pensador positivo.

¿Cómo ser constante con tus objetivos?

La mayoría de los elementos en la vida son útiles para lograr los resultados que usted espera cuando se trata de perder peso. Por otro lado, lo más importante de todo es tu mente. Si quieres perder peso y quemar más grasa, tienes que condicionar tu mente y creer en ti mismo que puedes hacer lo que sea necesario para alcanzar tu meta.

Tener una mentalidad buena y efectiva para perder peso le ayudará mucho. Esto le dará motivación y fuerza para enfrentar los desafíos. Con estas cosas, será más fácil para ti superar los obstáculos y las tentaciones que puedan surgir en tu camino. Una buena y positiva mentalidad de pérdida de peso le ayudará a fomentar un cambio a largo plazo y a lograr un estilo de vida saludable y normal.

Si usted es realmente serio acerca de la pérdida de peso y ya ha desarrollado una mentalidad positiva, debe buscar maneras de mantenerlo y los cambios que puede traer a su vida. Aquí hay algunas cosas que usted puede hacer para mantener los cambios de mentalidad que tiene:

- Recuérdese acerca de sus metas - para lograr resultados completos y exitosos en la pérdida de peso, usted debe recordarse acerca de las metas que desea alcanzar. Usted podría anotar todas sus metas relevantes para la pérdida de peso. Para motivar su forma de pensar, usted debe ser específico en lo que realmente quiere lograr. Haga un horario fijo de cuándo debe ver más cambios. Asegúrese de que sus objetivos sean alcanzables y mensurables. Un objetivo considerable es aquel por el que usted puede ser considerado responsable. Un buen ejemplo de esto es la pérdida de un porcentaje específico de grasa que debe alcanzarse en una fecha determinada.

- Piensa en tus metas en tu vida diaria - tienes que revisar todas las metas que escribiste en tu diario, incluyendo los horarios. Esto es para asegurarse de que está en el camino correcto. Puedes preguntarte si las acciones que tomaste para un día específico te acercaron o alejaron de tus aspiraciones.

- Apunta a metas más pequeñas y más cortas - usted puede dividir las metas a largo plazo que tiene en metas más pequeñas y manejables. De esta manera, usted encontrará que son menos difíciles de hacer, por lo que estará más motivado para mantener su mentalidad positiva en el logro de los cambios continuos que ocurren dentro y fuera de su cuerpo. En lugar de pensar que tiene que perder 50 libras dentro de un año, debe concentrarse en perder una libra cada semana porque es más fácil de lograr. De esta manera, su cambio de mentalidad irá más allá.

- *Altere su enfoque* - usted tiene que olvidar los aspectos negativos que tiene la pérdida de peso. Estos aspectos incluyen el sentimiento de privación. En lugar de preocuparse por ellos, debe centrar su atención en los aspectos positivos de la pérdida de peso. Usted puede prestar atención a la forma en que le queda su ropa y a la forma en que su cuerpo reaccionará a ella.

- *Piense más en estar saludable* - no debe obsesionarse con su sueño de adelgazar. Usted debe prestar atención a la mejora de su salud que mejorará su calidad de vida. Usted tiene que comer los alimentos que mejorarán su salud en lugar de los alimentos que se destinan principalmente a la pérdida de peso.

Conclusión

Al igual que lo que se discute en los capítulos anteriores, en este último capítulo nos gustaría recordarles la importancia de tener una buena mentalidad. Cuando se trata de metas, ya sea sobre la pérdida de peso o no, usted verá que cambiar su forma de pensar es el primer y más importante aspecto que lo llevará al éxito. Cuando se trata de perder peso, ¿cómo puede beneficiarlo un cambio de mentalidad?

Buscar cambiar la forma en que piensa acerca de la pérdida de peso le dará diferentes ventajas, incluyendo:

- Tener una mentalidad positiva te hará sentir más seguro - para estar físicamente en forma, tienes que poner tu mente en orden y olvidarte de la manera usual en que ves la pérdida de peso.

Cambiar su forma de pensar es el primer paso para tener un plan eficaz de control de la pérdida de peso. Sin una voluntad fuerte y determinación traída por el pensamiento positivo, será más difícil para usted conseguir lo que quiere. Cuando cambie de opinión, se sentirá más seguro y podrá enfrentar los desafíos de mantener el peso ideal para usted. En la pérdida de peso, la posesión de una mentalidad positiva debe mantenerse persistentemente. Esto le dará más confianza para mantener los resultados que disfruta hoy a lo largo de su vida.

- Cambiar su forma de pensar le llevará a una condición de salud normal - cuando usted cambia la forma negativa en que piensa acerca de la pérdida de peso, usted encontrará que lograr la salud en general es más fácil de lograr. Cambiar la forma en que piensa no sólo le ayudará a lograr el éxito en su plan de pérdida de peso, sino que también le indicará una forma de vida más saludable.

- Cambiar tu forma de pensar te permitirá convertirte en una persona optimista - deberías cambiar tu forma de pensar y tienes que convertirte en un pensador positivo si eres realmente sincero sobre cómo lograr un físico más atractivo. Cambiar el entorno habitual de su mente y sus creencias cuando se trata de perder peso le ayudará a ser optimista. El optimismo es una buena actitud que usted debe tener para perder peso. ¿Sabías que lo que tu mente puede concebir, tu cuerpo puede lograr?

- Cambiar tu forma de pensar te hará sentir bien - cuando dices que tienes que cambiar tu forma de pensar, esto significa que tienes que olvidar tus actitudes negativas como el pesimismo, ya que te alejará del éxito. Si realmente quieres perder peso de una manera sana y segura, debes decirte a ti mismo que puedes hacerlo. Sin embargo, las palabras por sí solas no son suficientes para ayudarle a alcanzar sus metas. Por lo

tanto, asegúrese de tener paciencia y determinación. ¿Sabías que estas son dos de las claves principales que te ayudarán a lograr un cambio dramático en tu cuerpo?

Todos estos son los beneficios que usted puede obtener cuando su forma de pensar ha cambiado. Como puede ver, la elección de cambiar su forma de pensar habitual le ayudará a obtener más, aparte de los resultados de pérdida de peso que espera. Entonces, ¿a qué estás esperando? Usted debe comenzar su lucha para cambiar su forma de pensar antes de dar los otros pasos en su plan de control de la pérdida de peso. Tenga en cuenta que la pérdida de peso puede lograrse mejor cuando se centra en su aspecto mental en lugar de en su aspecto físico. No importa lo que pase, tu mente sigue siendo el jefe. Tenga en cuenta estas cosas y se asegurará de tener éxito. Puede que no sea un camino fácil, pero ciertamente se puede lograr, especialmente si usted pone en práctica los consejos que este libro le ha proporcionado. Les deseo la mejor de las suertes y recuerdo que todo es posible!

Ahora sí, te deseo lo mejor en tus resultados, y recuerda, todo es práctica; no te sirve de nada la teoría sin acción.

Un fuerte abrazo, tu amiga, Jessy!

Por cierto, cuando logres conseguir tus resultados poco a poco, te recomiendo mucho, si deseas aprender mucho más acerca de métodos de bajar de peso, mi libro, sobre "COMO HACER LA DIETA CETOGÉNICA SIN DEJAR DE COMER", es un libro que estoy segura de que te ayudara mucho en tu camino de la "buena salud".

Sin más dilación, puedes encontrarlo en el buscador de Amazon, como: "Como hacer la dieta cetogénica sin dejar de comer" ó buscando mi nombre, como: "Jessy M. Brown"... Una vez más te deseo éxito en tus resultados!